S. FISCHER

Dieter Forte

Als der Himmel
noch nicht benannt war

S. FISCHER

Erschienen bei S. FISCHER

© 2019 S. Fischer Verlag GmbH,
Hedderichstr. 114, D-60596 Frankfurt am Main

Gesamtherstellung: CPI books GmbH, Leck
Printed in Germany
ISBN 978-3-10-397220-7

Für Marianne

So lacht nur, Freunde,
Wenn ein Maler
Frau und Pferd und Fisch und Vogel
Zu einem seltsam Bild zusammenfügt.
Wenn ein Autor aus Phantasie und Traum
Geschichten einer anderen Welt erschafft.

> Horaz, *Ars Poetica*

Vergangenes wird oft als wahr berichtet, doch geht aus
dem Gedächtnis nicht das Vergangene selbst hervor,
sondern die Worte, die es wie Spuren hinterlassen hat.

> Augustinus, *Bekenntnisse*

Wir haben uns eine Welt zurechtgemacht, in der
wir leben können – mit der Annahme von Körpern,
Linien, Flächen, Ursachen und Wirkungen,
Bewegung, Ruhe und Gestalt und Inhalt: Ohne diese
Glaubensartikel hielte es keiner aus zu leben!
Aber damit sind sie noch nichts Bewiesenes. Das
Leben ist kein Argument; unter den Bedingungen
des Lebens könnte der Irrtum sein.

> Nietzsche, *Die fröhliche Wissenschaft*

Tote träumen nicht

Ein schattenloser weißer Gang, in erinnerungsloser Weiß verschwindend, endlos. Weißes Neonlicht, weiße Türen und Fenster, die Türen verschlossen, die Fenster von außen vermauert. Menschen bewegen sich mechanisch von Tür zu Tür, von Fenster zu Fenster, rütteln an den Türklinken, an den Fenstergriffen.

Stille. Ab und zu ein Aufschrei. Eine brüchige Stimme singt ein Kinderlied, beginnt neu. Die Menschen stehen vor den Türen und Fenstern. Sie warten. Sie suchen die Erinnerung. Sie suchen die Welt, die in ihren Gedanken war, in ihrer Sprache war. Die Sprache ist zerfallen, ihre Gedanken sind verschwunden, stumme Worte, stumme Sätze. Die Welt existiert nicht mehr, nicht in ihrem Leben, nicht in ihren Träumen. Tote träumen nicht.

Das Universum des Menschen

Als der Himmel noch nicht benannt war
und die Erde noch ohne Namen,
als es noch keine Götter gab
und die Schicksale noch unbestimmt…

Enuma Elish, babylonische Schöpfungsge-
schichte, viertausend Jahre vor unserer Zeit,
sagte der Bibliothekar, der ihm einige schwere
Folianten auf den massiven Refektoriumstisch
legte, an dem er schrieb.

Und was schreibt Milton im »Verlorenen
Paradies«:

Umschauend sahen sie, ach, das Paradies
in Glut und Flammen untergehn.
Doch offen lag die Welt vor ihnen
und ihrem neuen Leben.
Sie gingen langsam Hand in Hand,
einsam ihren stillen Weg.

Eine unglaubliche Geschichte, sagte der Bibliothekar und setzte sich in einen zerschlissenen Voltaire. Die großartigste Erzählung, die man in dieser Welt hören kann. Und sie ist noch nicht beendet. Wir leben noch in ihr. Es ist unsere Geschichte. Uruk, Babylon, Ninive, Weltstädte in einer Pracht, wie man sie nie wieder sah. Goldene Städte der Architektur, der Kultur und der Wissenschaft mit den größten Bibliotheken ihrer Zeit. Die Zivilisation des Menschen.

Die Glocken der nahen Kathedrale übertönten den Bibliothekar. Ein gregorianischer Choral setzte ein, verfing sich in den hohen Bücherwänden. Viele dieser goldschimmernden Lederbände stammten aus einem mittelalterlichen Kloster, dessen Mönche ein Schweigegelübde abgelegt hatten. In ihren Zellen führten sie ein einsames Leben in absoluter Stille. Da war es kein Wunder, dass sie bald die größte und wichtigste Bibliothek des damaligen Reiches besaßen, die nun in diesen heiligen Mauern ihren Platz gefunden hatte.

Im großen Lesesaal arbeiteten an langen Tischen junge Menschen, den Kopf über ein Buch geneigt, da hatte sich in Tausenden von

Jahren nicht viel geändert. Er saß mit dem Bibliothekar in einem Kabinett, das durch Glasscheiben vom Lesesaal abgetrennt war, so dass man in einer eigenen Welt in der Welt war. Der Bibliothekar in seinem Sessel, in dem schon Generationen von Lesern sich mit einem Buch in der Hand in ferne Länder und Zeiten geträumt hatten, wie immer in sein Denken versunken. Er selbst zwischen schwergewichtigen Erinnerungswerken am Refektoriumstisch mit seinen phantasievoll ausgemalten Tintenflecken, seinen eingekratzten Anfangsbuchstaben und Jahreszahlen, Hinterlassenschaft vieler Generationen. Insignien, die besagen sollten, ich war hier – wie die Hände auf den Höhlenbildern der Steinzeit.

Man kann es auch machen wie dieser Märchenonkel Hesiod, sagte der Bibliothekar, aus seinem Denken erwachend. Er schwor den Musen, die Wahrheit zu schreiben. Die Musen erlaubten ihm dafür, seinen Namen auf das Manuskript zu setzen, was unter Autoren leider zur Unsitte wurde. Da schrieb nun dieser Hochstapler, der nicht genug Götter erfinden konnte, in seinem Mythenbuch: Zuerst war das Nichts, aus dem das Chaos entstand. Das Chaos zeugte Gaia, die fruchtbare Erde. Die zeugte wiederum Uranus, den sternenüberglänzten Himmel. Dann zeugte sie die schneebedeckten Berge und das wild schäumende Meer. Eros taucht auch noch auf, erzeugt die Nacht und irgendwie den Tag.

Und die sechshundert Götter, die es damals schon gab, beklagten die mühsame Arbeit auf dieser Erde und beschlossen, ein Wesen aus Knochen und Blut zu schaffen, das sie Mensch nannten. Ein Wesen, das ihnen die Arbeit abnehmen würde, um sie zu ernähren, Tempel zu errichten und sie anzubeten.

Durch die Fenster des Lesesaals erblickte man den breiten Fluss, über den eine alte, kunstvoll gebaute Brücke führte. Das andere Ufer lag niedrig, so dass man die rotbraunen Dächer einer alten Stadt sah.

Der Fluss hatte Hochwasser. Die Fähre, die wie ein Weberschiffchen an einem langen Faden hängend den ganzen Tag hin und her pendelte und Menschen verband, so dass sich ein Muster ergab, geriet ins Schwanken. Ein langer Lastkahn trieb quer auf die Brücke zu. Die Fähre konnte gerade noch ausweichen, weil der Fährmann, Strömung und den quer treibenden

Kahn abschätzend, sein Ruder herumwarf, so dass die Fähre im Fluss stillstand und der Lastkahn um Zentimeter an ihr vorbeiglitt. Der Steuermann des quer treibenden Kahns warf sein Ruder nun auch herum, gelassen und ohne jedes Geschrei drehte er sein Schiff noch kurz vor dem Brückenpfeiler und schrammte unter der Brücke durch. Eine uralte Kunst, die da von beiden Seiten beherrscht wurde.

Der Bibliothekar erhob sich aus seinem Sessel: Die Zeitalter vergehen wie Asche im Wind, die Bücher bleiben. Und wenn auch die Bibliotheken von den Blindgläubigen zerstört werden, die Bücher verbrannt und die Autoren verbannt, ein Buch genügt, um das Wissen der Welt zu bewahren. Lukrez. De rerum natura. Zur römischen Zeit geschrieben, unterdrückt und verleumdet, über Jahrhunderte vergessen. Bis ein neugieriger Leser in einer abgelegenen Klosterbibliothek das letzte Exemplar fand. Ein Buch, das unser Leben und unser Denken verändert hat, das die Menschen von den Göttern befreite und die Welt mit Vernunft erklärte.

Er stand leicht schief wie ein alter Baum, der sich wieder der Erde zuneigt, ein Mann aus Jahrhunderten, durch die Bücher mumifiziert.

Weiße Haarsträhnen hingen in seine Stirn, ein in die Weite sehender Blick über einem verstehenden Lächeln. In seinem schwarzen Samtanzug, an dem er gekonnt den Staub der Bücher abwischte, sah er aus wie einer dieser Einsiedler, die die Welt hinter sich gelassen haben. Ein wahrhaft Wissender. Er sagte oft: Man kann immer in diesem Haus bleiben. Alles, was auf der Welt geschieht, landet hier. Viele meinten, er sei blind, man merke es nur nicht, weil er alle Bücher im Kopf habe und mit diesem Kompass wie ein Schiff durch den Nebel fahre.

Er breitete die Arme aus. Es ist der Mensch, der die Welt wieder verlässt. Die Bibliothek ist die Ewigkeit. Das hier ist der Sternenhimmel des Menschen, es ist sein Universum, so unendlich wie das Weltall.

Der Mensch ist seine Legende

Viele spüren den alten Ritualen nach, suchen nach den ersten Schritten, möchten wissen, wollen die Wahrheit. Sie entdecken im Meer versunkene Inselreiche mit Marmorpalästen, durch deren Hallen Fische schweben. Sie folgen verwehten Spuren in der Wüste, auf der Suche nach einer Metropole des Altertums, von der nur noch prachtvolle Säulen in einen leeren Himmel ragen. Sie laufen auf zugewachsenen Pfaden durch das Dunkel unbekannter Urwälder zu verfallenen Tempeln, in denen Bäume die zerbrochenen Götterstatuen überwuchern. All das hatte einmal einen Sinn gehabt. All das war einmal groß und bedeutsam. Es war vergessen und vergangen wie die Menschen, die hier lebten.

Die still Suchenden, die Montaignes Bücherturm nicht verließen, hielten sich an seine Erkenntnis: Die Wahrheit ist die Summe aller Widersprüche – noch keiner habe das Ganze gesehen, jeder erblicke immer nur einen Ausschnitt. Und so sitzen sie in den Bibliotheken zwischen alten Folianten, hören auf deren Stimmen, versuchen zu verstehen. Denn die Zeit vergeht nicht wirklich. Sie verzweigt sich in den Büchern zu einer in sich ruhenden Erinnerungswelt, in der alles gleichzeitig ist. Das Vergangene ist nicht vergangen. Die Menschen liegen stumm in ihren Gräbern, aber ihre Geschichten sind in der Welt. Sie wurden in Stein geschlagen, in Lehm gedrückt, auf Papyrus und Schriftrollen geschrieben, als Buch gedruckt.

Folgen wir dem Gedächtnis der Worte, gehen wir in die Welt der Mythen und Märchen, Sagen, Legenden und Epen, ein haltbares Gewebe mit vielen Mustern. Die Geschichte des Menschen, endlos wiederholt, variiert und ausgeschmückt von den Erzählern, die alle Geschichten kannten, die von der Sintflut und dem Paradies, die von den Himmelsgöttern und der Unterwelt. Notiert und über den Tod hinaus für alle Zeit aufgehoben von den Schreibern, die die Schrift erfanden und damit die Legende des Menschen erschufen.

»So wie es erzählt wurde, so möge es geglaubt werden!« – Mit diesen beschwörenden Worten beendeten die Erzähler auf den lärmenden Marktplätzen, die Sänger und Rhetoren in den weitläufigen Palästen, die Stammesältesten vor ihrem Zelt die oft über Tage gehenden Erzählungen, die mit den magischen Worten »Es war einmal vor langer Zeit« begannen. Es war einmal … ein ununterbrochenes Erzählen, das die Welt erhielt, vorgetragen in der freien Manier des Geistes, der mit Phantasie der Wahrheit nahe kam. Die großen Epen mit ihren tausend Geschichten vom Anfang der Welt und vom Schicksal des Menschen. Die Zaubermärchen und Heldenlegenden, die den Menschen Träume gaben. Erzählt in den Herbergen der Oasen, in der heißen Sonne auf den Straßen und Plätzen der großen Städte, in den schattigen und stillen Palästen der Könige und Pharaonen. Mit ihren Geschichten machten sie das Geschehene überblickbar, denn Erzählen heißt Ordnen.

Unter den Pharaonen war der Erzähler der höchste Staatsbeamte am Hof. Er musste dem Pharao die undurchschaubare, mythisch verrätselte Welt mit Hilfe des Logos als erklärbare und verstehbare Abfolge von Ereignissen darstellen, die man durch Handeln verändern konnte. So erfanden sie die Zeit durch das Erzählen, indem sie die Gleichzeitigkeit des Geschehens in das Nacheinander einer Erzählung verwandelten. Die Welt erhielt eine neue Ordnung. Was geschah, geschah in der Folge eines anderen Geschehens, war nicht mehr das Verhängnis der Götter.

Den Erzählern gleichgestellt waren nach der Erfindung der Schrift die Schreiber, die höchsten Beamten des Staates, die in Keilschrift und Hieroglyphen auf Tontafeln und Papyrusrollen die Buchhaltung der Kaufleute und die Statistik des Staates führten. Ihre Stellung war nahe den Königen und Pharaonen, ihre Autorität so hoch, dass sie als Einzige die Dokumente mit ihrem Namen unterschreiben durften, damit sie amtlich und glaubhaft wurden. Die Schreiber waren es, die all die großen Epen in die Schrift brachten, sie dadurch für immer bewahrten und die Kulturen der Völker begründeten.

Es steht geschrieben

»Empfehle unbedingt das Kabinett mit den alten Enzyklopädien, den Inkunabeln und anderen Raritäten. Vor allem die nicht entschlüsselten Werke, die bis heute keiner gelesen hat.«

Er folgte dem Hinweis des Bibliothekars und war überrascht, in einem mittelalterlichen Kuriositätenkabinett zu stehen. Zwischen den edel gebundenen Folianten mit ihren silbernen Schließen lag allerlei Ausgegrabenes. Steinbrocken mit eingeritzten ägyptischen Hieroglyphen, Tontafeln mit sumerischer Keilschrift, die Stele eines vorzeitlichen Königs und Halbgottes. An den Wänden Stiche von großen Tempelanlagen.

Er griff nach den alten, die Welt erklärenden Büchern, würdige Kunstwerke mit einer feierlichen Einleitung. Ineinander verschlungene Linien eines Ornaments verbanden auf dem Titelblatt Autor, Drucker und Titel. Es folgten die waghalsigen Argumente des Lektors der Zensurbehörde, der die nüchternen Wahrheiten des Autors zu ästhetischen Theorien erhob, um vom Zensor die Genehmigung für die Veröffentlichung zu bekommen.

Genauso musste der Gutachter der Kirche aufs hohe Seil der Theologie, um von der Inquisition die Erlaubnis zum Druck zu erhalten. Danach kam der Buchhändler mit dem von der gnädigen Obrigkeit erteilten gesetzesmäßigen Privilegium zum Druck – eine Absicherung gegen Nachdrucker und Scheiterhaufen. Die Widmung des Autors an den geneigten Gönner durfte nicht fehlen, auch nicht das Wort an den Leser, mit der Bitte, das Buch zu kaufen und zu lesen, zwei sehr verschiedenartige Entscheidungen. Natürlich noch der Anruf der Musen. Das kann bei einem Buch nie schaden. Nach den Errata einige lobende Sonette auf Werk und Autor, notfalls selbst geschrieben. Ein Brauch, der auch heute noch sehr beliebt ist. Zum Ende ein rühmendes Epitaph, gern auch mehrere, dem endlich das schlichte Finis folgte.

Die Zeit, die das Leben verlangsamen und beschleunigen konnte, die stillstehen, aber auch

Jahrhunderte in Sekunden verwandeln konnte, die den Menschen auf immer verlassen konnte, so dass man in seiner Todesstunde alle Uhren anhielt, die Zeit zeigte in diesem stillen unbewegten Raum mit seinen jahrhundertealten Büchern ihr schwierigstes Kunststück, sie lief rückwärts. Dem Menschen gehört die fortschreitende Zeit der Gegenwart. Die Bücher herrschen über die vergangene Zeit.

In der Zufallsordnung des Alphabets, die alles Geschriebene gleich behandelt, stand alles nebeneinander. Da war die Erkenntnis, dass der Mensch nur eine gut funktionierende Maschine sei, ein Automat aus Schläuchen, Röhren und Ventilen, aus Hebeln, Pumpen und einem Blasebalg, die Gottes Segen nicht bedürfen, nur geölt werden müssen, gelegentlich auch mal repariert. Und direkt daneben ein Bericht über die Entdeckung des Paradieses: Das Paradies ist ein köstlicher Ort, an dem man zu jeder Zeit des Jahres Früchte von aller Art und den immerdar fließenden Strom von Honigmilch und Wein findet. Dort sind vornehme Häuser, geschmückt mit Edelsteinen, Gold und Silber. Jeder wird Weiber haben und wird ihnen immerdar beiwohnen und sie immer schöner finden … Als Nächstes ein hübsch gebundenes Traktat, das bewies, dass es die Welt gar nicht gäbe, dass alles nur ein Nichts sei, eine Sinnestäuschung, inszeniert von einem Zauberer, ein Traum, aufgeführt auf einer Bühne.

Eine 250-bändige Enzyklopädie präsentierte geglaubtes Wissen und angenommene Wahrheiten. Daneben standen Berichte aus fremden Kontinenten mit unbekannten Kulturen, Bücher über utopische Staatsformen, Konstruktionen der idealen Stadt, mechanische Wunderwerke, die als Mensch auftraten oder als Perpetuum mobile vorgaben, die Arbeit aller zu übernehmen; dazu Philosophica und Theologica der letzten Wahrheitsstufe. Aus Antworten wurden Fragen, Wissen wurde zu Unwissen, die Welt zerfiel in unbekannte Länder, unentdeckte Kontinente, unbefahrene Ozeane, zerfiel in Troglodyten, Zentauren, Skiapoden, in Dämonen, Sirenen und Zyklopen, in Hundsköpfige, Kopflose, Mundlose und Einäugige.

Und dann gab es in der Bibliothek die Werke, die noch keiner gelesen hatte. Geschrieben von Autoren, die ihr eigenes verschlüsseltes Alphabet in seltsam verirrten Buchstaben erfanden, um die Rätsel der Weltmaschine zu beschreiben und das Geheimnis des Steins der Weisen, eingeschlossen in ihre eigene Sprache. Entwürfe des Paradieses in Spiegelschrift, alchemistische Formeln auf Hebräisch und Arabisch, Skizzen zu einem Homunculus, dazu Astrolabien und Sternbilder unbekannter Sphären, Symbole der Druiden, ägyptische Hieroglyphen, sumerische Keilschrift.

Der immerwährende Versuch des Menschen, die Welt zu verstehen, das Unerklärbare zu begreifen, mit seinem Verstand ein neues Paradies zu konstruieren, ein Versuch, der immer nur in einem Labyrinth ohne Ausgang endete.

Eine Geschichte ohne Ende

Eine Geschichte ohne Ende ist wie ein Labyrinth ohne Ausgang. Einmal darin gefangen,
verliert man seine Worte, verliert man seine
Sprache und mit ihr die Orientierung und die
Weltkenntnis. Man verirrt sich in ein System
der Künstlichkeit, weiße Zimmer, weiße Gän-
ge, weiße Türen, weiße Fenster, die jede Erinnerung auslöschen, die Zeit aufheben, die
Unterschiede zwischen den einzelnen Räumen
beseitigen, die Welt in einen bedeutungslosen
Ort verwandeln.

Menschen stehen erstarrt in bewegungslosen
Gruppen, leere Gesichter und verdrehte Köpfe, angestrengt schauend, auf der Suche nach
etwas Fassbarem, nach verlorenen Gedanken,
den Schatten ihrer Erinnerung. Menschen, deren Geschichten nicht zu Ende erzählt wurden.

Eine Frau schob sich durch die erstarrten

Körper, blieb dann plötzlich stehen, als entsinne sie sich nicht mehr ihrer Absicht. Keiner bewegte sich. Die Frau wurde wieder lebendig, rief ununterbrochen nach dem Ausgang, drängte sich durch die Gruppe, stand dann lange vor einer eisernen weißen Tür mit zahlreichen Riegeln und Schlössern.

Und es ward Abend
und es ward Morgen

Tag und Nacht und Nacht und Tag und der
nächste Tag und die nächste Nacht und wieder ein Tag und eine neue Nacht, etwas anderes war da nicht, nur diese hellen Tage und
dunklen Nächte und jeden Morgen ein neu-
er Anfang und jeden Abend das gleiche Ende.
Sie gewöhnten sich an diese ununterbrochene
Wiederholung und richteten sich nach dem
Lauf von Sonne und Mond und nach dem
Stand der Sterne. Es gab keine Zeit. Es gab nur
die Ewigkeit von Tag und Nacht, in die man
geboren wurde und die man im Tod wieder
verließ. Eine geschlossene Welt. Tag und Nacht
und die Erwartung der gleichmäßigen Wieder-
kehr des Hell und Dunkel mit der bleibenden
Angst vor dem ewigen Dunkel, das die Welt
verschwinden ließ. Angst, die sich erst wieder
in der morgendlichen Helle auflöste, weil dann
auch die Welt wieder zurückkehrte.

Furchteinflößend auch die Weite des Landes, auf dem man stand, das unbegrenzt war, je weiter man ging, und das an seinem Ende in den Wolken verschwand. Lebensquell war der Fluss, der gleichmäßig fließend aus den fernen Bergen kam, die für sie das Ende dieser Welt darstellten. Aus Angst vor den Tieren, die auf dem Land herumstreiften, lebten sie im Wasser in kleinen Hütten aus Schwemmholz, Schilf und Lehm. Schweigende Gruppen, die nicht wussten, wo sie waren und woher sie kamen, die ihr Leben im immer gleichen Wechsel von Hell und Dunkel lebten.

Die Karte ihrer Welt passte in eine Handfläche. In der Mitte der Fluss. Auf der einen Seite unüberwindbare hohe Gebirge. Auf der anderen Seite das unendliche Land. Außen das große Wasser, auf dem die Erde schwamm. Hinter dem Wasser das unvorstellbare Nichts. Über allem das Dach, an dem in der Nacht Lichter erschienen und am Tag das helle Gestirn, das heiß war, während die Lichter der Nacht kalt waren. Dazu der Wind, ein Geist, den man nie sah, nur spürte. Wasser, das aus dunkel treibenden Gebilden fiel, begleitet von Donner und den Blitzen irgendwelcher zornigen Götter.

Der Fluss bot Orientierung, war das Verlässliche, der Ernährer. Er überschwemmte die Felder und machte sie fruchtbar. Trocknete er sie aus, brachte er Hungersnöte. Oft riss er in schrecklichen Fluten alles mit, was er erfassen konnte. Der Fluss lebte. Der Fluss war heilig. Er wurde gesegnet. Er kam aus einer Ferne, in der sich Himmel und Erde berührten, aus einer ewigen Zeit und wurde ihnen vertraut. Sie sahen in das unaufhörlich fließende Wasser, und im Wasser erblickten sie ihre Gesichter. Aber wer waren sie? Sie wussten es nicht. Doch der Fluss spiegelte ihr Bild.

Es werde Licht

Es war einer jener frühen Abende, die sich so überraschend schnell über die Welt legen. Die Bibliothek versank in einer dämmerigen Stille. Aus dem Musikzimmer hörte man – immer wieder abbrechend – eine Sonate von Corelli. Die alten Musikinstrumente, im Gefolge der Bücher hier gelandet, mussten bespielt werden, so wie die alten Bücher immer wieder gelesen werden mussten. Auf den Galerien der verschiedenen Stockwerke glühten die kleinen Leselampen. Hier saßen noch die Gelehrten über vergessene Zeiten und die Experten abseitiger Themen, ihren Gedanken nachhängend, die auf ein neues Buch hoffen ließen. Auch der Mythenschreiber war noch tätig. Er stand vor den arabischen Buchregalen und suchte nach Übersetzungen.

In den Gängen verschwammen die noch für Gaslicht entworfenen weißen Kugeln, während die grünen Lampen der Handbibliothek stille Bücherinseln bildeten. Bewegungslos saßen hier die Leser vor aufgeschlagenen Büchern, umgeben von matt schimmernden Lederrücken. Jahrhundertealte Bücher, die sich majestätisch an den Wänden erhoben und den Raum bewachten.

Im hellen Zeitungssaal trugen einige Herren ihre Zeitungen an langen Stangen wie Nationalfahnen schwenkend zu ihrem Leseplatz, kämpften dort mit den Schlagzeilen des Abendblattes, das die politische Lage der Morgenblätter veränderte. Man ärgerte sich über ausländische Blätter, schrieb Kommentare, machte sich Notizen.

Ruhigere Gemüter saßen abseits in alten Ledersesseln und schliefen über dem Feuilleton vom vorigen Jahr, die Zeitung deckte sie zu.

Der Bibliothekar, eine Kapitänsmütze auf dem Kopf, kam ihm mit großen Bewegungen entgegengerudert, nahm ihn ins Schlepptau und dirigierte ihn zu einem kleinen Nebenraum.

Wir nannten es früher das Torwächterzimmer, sagte er, ein paar Hellebarden stehen noch herum. Jetzt ist es das Kartenzimmer und mein Ruheraum.

Über einem langen Tisch und einem Leder-
sofa hing eine Petroleumlampe, in deren Licht
man auffallend schmale goldbedruckte Bände
sah, mit den Namen von Ländern und Kontinenten.

Er zeigte auf die Petroleumlampe.

Ja, ich weiß, sagte der Bibliothekar, es ist gegen die Vorschrift. Vieles ist gegen die Vorschrift. Vorschriften und Gesetze. Regeln und
Anordnungen. Befehle und Gewohnheiten.
Häuser und Straßen. Städte und Fabriken. Brü-
cken und Kanäle. Schilder und Verbote. Alles
ist von Bedeutung, hat seinen Namen, ist fest-
gelegt, vernünftig und erklärt. Als ich in die
Welt hinauswollte, da war die Welt schon zu-
gemauert. Ich sah die Erde nicht mehr und nur
noch abgerichtete Menschen. Sie waren sess-
haft geworden. Das trieb mich zur See. Das
Meer war noch wie vor Jahrmillionen. Wind
und Wellen und die Stille einer endlosen Weite. Das Meer hat keine Regeln und keine Bedeutung. Das Meer ist das Meer.

Warum sind Sie zurückgekommen?, fragte er
den Bibliothekar.

Ja, die Natur ist ohne den Menschen schwer
zu ertragen, sagte der Bibliothekar. Das hier ist

eine neutrale Insel. Also ging ich in der Bibliothek vor Anker.

Der Bibliothekar holte einige der schmalen Bände aus dem Regal, schlug mit der Faust darauf, so dass die seitlichen Schließen aufsprangen. Er erfuhr auf diese Weise, was es hieß, ein Buch aufzuschlagen. Vor ihm lagen jahrhundertealte Atlanten, die wenig Wert auf eine exakte Vermessung legten. Die Karten darin waren nach Osten zur aufgehenden Sonne ausgerichtet. Dort lag auch das Paradies, der Anfang der Zeit. Mittelpunkt war stets die Stadt Jerusalem. Das Meer verlor sich im Westen, dem Untergang der Zeit.

Was sehen Sie?, fragte ihn der Bibliothekar.

Bilder, sagte er, keine Landkarten. Bilder einer mythischen Welt. Der Phantasie entsprungene Berge, Flüsse und Seen. Sagenhafte Länder, die es nie gegeben hat. Das an Schätzen unvorstellbare Reich des Priesterkönigs Johannes, Nachfahre der Heiligen Drei Könige. Die goldene Insel Tabrobane, die es auch nie gab, das Labyrinth von Kreta. Der Turm zu Babel. Der Berg Sinai. Die Arche Noah. Die Pyramiden in der Wüste. Die Namen vergessener Völker und untergegangener Städte. Dazu Tiere, die ich noch nie sah. Das sind keine vermessenen und maßstabgetreuen Karten. Das sind Bilder, zu denen man ohne eine Geschichte keinen Zugang findet. Reales und Geglaubtes, als es noch eins war.

Die Realität ist letztlich eine Glaubenssache, sagte der Bibliothekar. Die Wirklichkeit, das sind unsere Worte, und die stehen in den Büchern. Wir sind Geschichtenerzähler. Jeder Mensch hat seine Geschichte, ohne die er nicht leben könnte. Die unbekannte Welt wird vertraut durch die Namen und die Bedeutung, die wir ihr geben. Legenden werden zur Gewissheit, aus Weissagungen entstehen Gesetze, und Mythen bilden Staaten. Märchen werden zu ewigen Wahrheiten, für die man Kriege führt und sein Leben opfert. In der Bibel stehen die alten Geschichten aus Uruk und Babylon, und so dreht sich die Welt.

Er öffnete in der Bücherwand eine Tür, die auf einen Balkon über der Stadt führte, trat hinaus und rief: Und die Erde war wüst und leer und in großer Finsternis!

Im Dunkel der Nacht sah man nur eine unwirkliche Schattenwelt, in der einige Lichter blinkten. Die Dunkelheit verwandelte Himmel

und Erde in eine bedrohliche schwarze Felswand. Im Licht der Petroleumlampe glänz-
ten die goldenen altmodischen Buchstaben auf
den Bänden, die die Welt enthielten. Die Bibliothek schien ihm wie ein großes Schiff, das
mit seinen Büchern als Kompass seinen eigenen Kurs fuhr. Die Kälte kroch in den Raum.
Es wurde dunkel.

In der Dunkelheit

Ein weißes Zimmer in einem weißen Licht. Eine weiße Tür. Ein weiß vergittertes Fenster. Zwei weiße Metallbetten. Ein weißer Tisch. Zwei weiße Stühle.

Eine Frau schläft in einem Bett. Eine andere Frau geht zwischen Tür und Fenster hin und her und spricht laut wiederholend:

Das Bett. Der Tisch. Der Stuhl. Die Tür. Das Fenster. Das Bett. Der Tisch. Der Stuhl. Die Tür. Das Fenster.

Spuren

Ein hoher Himmel. Eine leere Landschaft. Der Fluss. Die alte Erde.

Vereinzelt Spuren. Spuren aus dem Nichts, am Horizont verschwindend. Feuerstellen, Wasserlöcher, ein zerbrochener Speer, ein stumpfer Faustkeil, zerfallene Pfahlbauten, Höhlen mit Tierknochen, Grabfelder mit kunstvoll aufgeschichteten Steinhügeln.

Fußabdrücke, die der Sonne folgen, Flüsse durchqueren, Berge ersteigen, sich mit den Fährten von Tieren vereinigen, lange Wege gehen. Spuren, die ein Netz bildeten, die Orientierung sind, Meridiane, die die Welt überziehen. Im Fels Bildzeichen, tief eingekratzt, stumme Symbole einer vergangenen Welt.

Aufrecht gehende Lebewesen folgten den Tieren und den Pflanzen, zogen durch Länder und über Kontinente, überquerten Gebirge und Meere, ertrugen Kälte und Hitze, überstanden

Regenzeiten und Trockenzeiten und Eiszeiten. Sie hatten das Feuer. Sie hatten damit Wärme und Licht und mussten nichts mehr roh essen. Sie kannten weite Teile der Welt und fanden sich darin zurecht. Sie spürten, dass es eine Zeit gibt und damit die Erinnerung. Sie wussten, dass es den Tod gibt. Sie gaben ihre Toten der Erde zurück und schmückten die Gräber.

Es war eine fast lautlose Welt. Es gab die Tierstimmen, die sie nachahmten. Die Vögel, die bei der ersten Helligkeit den Tag anjubelten. Es gab den Regen, der pladdernd auf dem trockenen Boden aufschlug. Den über die Erde jagenden Wind mit dem rollenden Donner am Sternendach. Es gab den Fluss, der ständig murmelnd und plätschernd mit sich selbst beschäftigt war und noch in der Nacht seine Geschichte erzählte.

Sie waren ohne Worte geboren, und doch liebten sie die Worte, die die Welt verzauberten, Geister verjagten, Tiere anlockten, Freude und Trauer ausdrückten, in erregten hohen Tönen oder in klagenden Lauten. Dazu das anfeuernde Geschrei bei der Jagd, die Warnrufe, wenn ein Tier den Jäger angriff. Die lustvollen Aufschreie beim Trommeltanz, das wehmütige

Summen zur Flöte, die sich einer geschnitzt hatte. Suchende Rufe und die Antwort der Gegenrufe, von anderen nachgeahmt, ein Gewirr aus Wortfetzen und verschiedenen Tonhöhen.

Die gegenseitige Verständigung wurde zur Überlebensstrategie, und so bildeten sich Worte, die einen Sinn hatten, die von der Gruppe verstanden wurden. Oft nur urtümliche Laute, aber doch konkret die Dinge benennend: Fluss, Berg, Wasser, Hügel, auch Unterscheidungen anzeigend: breiter Fluss, hoher Berg, tiefes Wasser, enges Tal, große Höhle.

Auch allgemeinere Worte bildeten sich: Feuer, Tiere, Jagd. Wichtig war das gemeinsame Wissen. Wo war die Höhle, in der die Kinder lebten, die Vorräte lagen, die Pelze für die Nacht und in der die Frauen das Feuer erhielten, das niemals ausgehen durfte. An welchem Ort waren sie? In welche Richtung lief die Jagd? In welche Richtung der Weg auf der langen Wanderung in eine unbekannte Welt? So entstanden feste Begriffe für hier und dort, für oben und unten, für jetzt und nachher. Durch die Sprache erfuhren sie ihre Existenz. Sie lebten, indem sie den Dingen in der Welt einen Namen gaben. Der Fluss war jetzt für alle der

Fluss, der einen Namen hatte. Der Berg war jetzt für alle der Berg, der einen Namen hatte.

Auch der Himmel wurde nun benannt, und die Erde wurde ein Wort ihrer Welt.

Es war ihnen, als ob sie aus dem Meer an Land gingen, aus dem dunklen schweren Wasser in die helle Leichtigkeit der Sonne, aus der dumpfen Bewusstlosigkeit ins klare einfache Wissen. Sie schwammen nicht mehr in endlosen Weiten, sie standen auf festem Land. Es war ihre Geburt.

Mensch und Tier

In dem gläsernen Kabinett der Bibliothek stand neben dem Schreibtisch eine Frau in einem grauen panzerartigen Schneiderkostüm und las in dem Manuskript, an dem er schrieb. Mit einer Hand wies sie auf ein aufgeklapptes Buch, das auf dem Schreibtisch lag: Ich habe da etwas für Sie rausgesucht. Piero di Cosimo, 1462 bis 1521. Sie las weiter im Manuskript. Das Buch enthielt Bilder aus dem Mittelalter. Er sah eigenartige Zeichnungen und Stiche, auf denen Mensch und Tier noch eins waren. Seltsame Geschöpfe rannten da aus einem brennenden Wald, ein Schwein mit einem Frauengesicht, ein Ziegenbock mit dem Profil eines Mannes, ein Kerl mit dem Hinterteil eines Pferdes. Menschliche Wesen mit Rinder- und Hundeköpfen, Satyrn und Chimären mit Hirschgeweihen. Mischwesen aller Art flüchteten vor dem Feuer. Die Dame klopfte energisch mit einem Bleistift auf das Manuskript: Die Fachwelt sieht das aber anders.

Das kenne ich schon, sagte er. Ich sehe manches anders. Der Konsens ist nicht meine Sache.

Und wie werden Sie diese Tierwelt beschreiben? Wo ist da der Unterschied zwischen Mensch und Tier?

Wir sind bestenfalls Primaten, antwortete er. Sagen wir, evolutionäre Wesen im Stadium Mensch. Der Mensch hat die Sprache. Er ist ein erzählendes Wesen.

Der Mensch ist ein zerstörerisches Wesen, sagte die Frau.

Trotzdem sind immer wieder glanzvolle Zivilisationen entstanden und humane Ideen verwirklicht worden.

Sie sind naiv, antwortete sie.

Vielleicht, sagte er.

Sie holte weit aus: Lesen Sie im »Dictionnaire« von Pierre Bayle. Der schrieb schon vor über dreihundert Jahren, dass die Menschen einander hassen, einander töten, sich in Armeen versammeln, um sich gegenseitig umzubringen, obwohl sie doch nur die Modifikation derselben Substanz sind. Das übersteigt all die

Ungeheuerlichkeiten der verrücktesten Köpfe, die man jemals in Irrenhäuser eingesperrt hat.

Sie warf das Manuskript auf den Tisch und ging.

Die Ordnung der Welt

Er traf den Bibliothekar in einem Saal, über dessen Eingang in goldenen Lettern »Salle des Globes terrestres« stand. Der Bibliothekar sah ihn und wollte ihm wohl ein Schauspiel bieten. Jedenfalls brachte er die Globen mit viel Schwung ins Drehen.

Achten Sie mal darauf, rief der Bibliothekar ihm zu, wie die schwarzen Linien, allgemein Grenzen genannt, verschwinden und die Farben der Länder ineinander verlaufen. Die Menschheit ergoss sich über die Erde und hinterließ Länder und Kontinente, Völker und Sprachen. Und falls es uns irgendwann nicht mehr geben sollte, hinterlassen wir eine unübersehbare Vielfalt an Kunst. War das unsere Aufgabe?

Die Globen drehten sich langsamer, die farbigen Flächen wurden wieder zu einzelnen Ländern. Dann blieben die Globen stehen.

Jetzt ist es wieder unsere Welt, sagte der Bibliothekar und fragte ihn: Wohin wollen Sie?

Zum Mythenschreiber, sagte er.

Da gehe ich besser mit, sagte der Bibliothekar.

Sie gingen zur Haupttreppe, ein Prunkstück mit vielen Absätzen und einem vergoldeten Geländer.

Ein junger Mann in einem Poncho kam die Treppe herab. Der Bibliothekar fragte: Na, was sagt der Kalender?

Der junge Mann zögerte einen Moment, schüttelte seine langen schwarzen Haare und sagte dann: Die Zeit ist gekommen. Nach der langen Zählung im 13. Baktun.

Und nach unserer Zeit?, fragte der Bibliothekar.

Der junge Mann gab keine Antwort und ging mit versteinertem Gesicht zum Ausgang.

Der Weltuntergang, sagte der Bibliothekar zu ihm. Ein Indio, der in unserer Stadt lebt. Er kann die Knoten des Maya-Kalenders lesen. Wir haben da ein paar Schnüre hängen. Für uns Analphabeten nur zeitlose Knoten. Vom Anfang weiß keiner, aber vom Ende spektakelt jeder. Schon die Assyrer haben vor fünftausend

Jahren geweissagt, dass es keine Rettung gebe, die Erde werde verfallen. Zürnende Götter, einstürzende Himmel, explodierende Sonnen, glühende Vulkane, das tobende Meer, die Apokalypse ist gewiss.

Sie waren auf einem Podest über dem Lesesaal angelangt.

Ist die Sonne schon beim Larousse?, fragte der Bibliothekar.

Er schaute hinab und vermeldete: Sie ist bei der Encyclopedia Britannica.

Vier Uhr, sagte der Bibliothekar und zog seine Taschenuhr auf.

Sie sahen hinunter in den tiefen halbrunden Raum aus Büchern, Marmorsäulen und schmalen Wendeltreppen, die sich von Etage zu Etage drehten, und erlebten die andächtige Stille, die hier seit Jahrhunderten herrschte. Eine Bücherinsel außerhalb von Zeit und Raum. An den Augenbewegungen des Bibliothekars erkannte man, dass er nicht viel sah, trotzdem wies er auf diese oder jene Rarität hin.

Er wusste, wo die Bücher standen. Er wirkte nachdenklich: In dieser seltsam verdrehten Zeit, in diesen verwischten Geschichten, die unser Leben sind, in diesem Labyrinth aus

Glauben und Bekenntnissen, Überzeugungen und Weltanschauungen, beschworenen Gewissheiten und ewigen Wahrheiten, herrscht hier in der Bibliothek immer noch die Ordnung der Sprache, die unser Denken bestimmt.

Er wandte sich zu ihm: Sagen Sie, Verehrtester, wie wollen Sie das schreiben, diese Menschheitswerdung, diese Welterschaffung. Als Legende vom Aufstieg der Menschheit? Als glückhafter Moment der Vollendung in der Kunst? Als wiederholter Absturz in die Barbarei? Oder als ein Märchen aus der Rumpelkammer unserer Erinnerungen?

Er antwortete: Als eine Erzählung, die es wert ist, in ein Buch geschrieben zu werden.

Der Bibliothekar wurde deutlich: Lesenswert ist da auch das Sefer Jetzira, das Buch der Schöpfung, angeblich von Abraham dem Melchisedek eingegeben.

Die Welt, das sind 22 Buchstaben und zehn Zahlen. Mit den Buchstaben erschafft der Mensch das Reale, mit den Zahlen alles Abstrakte. Beides ist allerdings in ein verstehbares System zu bringen. Wem die Buchstaben und Zahlen durcheinandergeraten …

… lebt in einem undeutbaren Nichts, vollendete er den Satz des Bibliothekars.

Suchen Sie deswegen nach den Anfängen?, fragte der Bibliothekar.

Er gab keine Antwort.

Der Bibliothekar stand in sich versunken. Er sprach still, fast abwesend, wie zu Menschen, die nicht mehr sind, in einer Art vergeblicher Hoffnung: Wir wissen nie, wie sich ein Mensch die Buchstaben und Zahlen zusammensetzt. Vielleicht lebt er in einer eigenen Wirklichkeit. In einer Welt, die wir so wenig erkennen können wie die Welt der alten Karten.

Sie hörten ein Motorengeräusch. Der Bibliothekar sagte: Der Bücherkarren. Die tägliche Lieferung von Weisheiten, Erinnerungen, Phantasien und alten Narrengeschichten.

Er öffnete ein Fenster, durch das man in den Hof sah, und rief etwas hinaus. An der gegenüberliegenden Hauswand zeigte er auf ein Graffito. Ein Gewirr aus kreisenden Linien, Strichen und Markierungen. Sie glichen den Zeichen, die von den ersten Menschen in Stein geritzt worden waren, Orientierungszeichen in einer unbeschriebenen Welt.

Der Bibliothekar sagte: Man hat es mir

geschildert. Das sprachlose und unerklärbare Chaos. Viele nennen es die Schöpfung. Dann wären Schöpfung und Chaos identisch. Wie beschreibt es Ovid: Bevor es Meer gab und Land und Himmel war nur das Chaos.

Graffito

Das Graffito erinnerte ihn an einen anderen Versuch, die vielen in sich drehenden Linien in eine Schöpfung zu verwandeln. Eine Frau in einem weißen Zimmer versuchte mit einem schwarzen Kohlestift ein Graffito auf eine Wand zu malen. Das Ganze hatte etwas von einem zerfallenen Haus, und sie versuchte, ihren Namen auf dieses Haus zu setzen, aber die Buchstaben gehorchten ihr nicht, gerieten durcheinander, sie gab auf. Die Frau legte ihren Kopf an das Graffito und versuchte, den Umriss auf die Wand zu malen, was ihr auch nicht gelang. Dann schraffierte sie mit dem Kohlestift eine Fläche, die ein Grabstein sein konnte, und versuchte, darauf ihren Namen zu setzen. Die Buchstaben gehorchten ihr wieder nicht. Sie schlug verärgert mit der flachen Hand auf die Zeichnung. Dann versuchte sie es noch einmal mit Buchstaben, die sich erneut verweigerten.

Da waren nur die Linien des Graffito, undeutbar und verschwiegen. Ein Grabstein ohne Namen.

Das Bild der Welt

Die Zeit reicht weit in die Zeit, wird zur Zeitlosigkeit der Erinnerung, wird zur Vergangenheit, die im Vergessen ruht, zur Unendlichkeit
der Bilder, die im Dunkel von Jahrmillionen zu
Sinnbildern der Welt wurden in der Ewigkeit
des Augenblicks.

In den Jahren der Kälte, in denen die weiße, erfrorene Landschaft sich weit erstreckte,
sah man schon in der Ferne die schwarzen Spalten, die sich durch das Gebirge zogen. Auch
die Spuren der Tiere führten zu den Öffnun-
gen, die in das Innere der Erde führten, zur
Unterwelt, in der gefürchtete Geister hausten,
aus dem blendenden Weiß in das ewige Dunkel
schützender Höhlen.

Sie waren zu viert in ein Seitental abgebo-
gen, in das einige Bisons geflohen waren. Hoor
– einige von ihnen hatten bereits Namen, was
sie sehr stolz machte –, der gerade zu einigen

Worten ansetzte, war plötzlich nicht mehr unter ihnen. Sie waren nur noch zu dritt. Ein Zauber? Böse Geister? Die Unterwelt? Im Boden war ein Loch. Dann hörten sie die Stimme Hoors. Er rief etwas. Das kam aus dem Loch. Eine unentdeckte Höhle? Vorsichtig stiegen sie hinab. Es war dunkel.

Sie zündeten ihre Fackeln an. Sie befanden sich in einer anderen Welt. Tiere flüchteten, fliegende Wesen huschten um ihre Köpfe, man hörte das Brummen eines Bären, der aber ihre Fackeln fürchtete und sich zurückzog. Tiefer in der Höhle seltsame Tiere ohne Fell, fast nackt, deren große Augen durch die Dunkelheit leuchteten. Am Eingang noch die kalte Nässe, weiter unten wurde es wärmer, tiefer im Berg sogar heiß. Tropfen fielen von der Decke, schmale Spalten erforderten Mut – wohin führten sie? Sie schoben sich hindurch, unerwartet standen sie vor einem See, ein Gang öffnete sich zu einer großen Höhle. Erloschen die Fackeln, war es dunkler als in der Nacht auf Erden, kein Stern gab Orientierung, kein Mond sein Licht.

Es war üblich, neu entdeckte Höhlen besitzanzeigend auszumalen. Jeder Clan markierte so seinen Anspruch, ein großer Clan besaß oft mehrere Höhlen.

Es waren sichere Rückzugsorte. Einige von ihnen begannen auch sofort, mit dem Ruß der Fackeln Umrisse auf die Wände zu zeichnen. Es war der Anfang.

Bald gingen sie täglich in die Höhle, brachten Talglichter mit, die lange brannten, Farbmischungen, die sie aus anderen Höhlen kannten. Sie legten die Bilder groß an, es würde lange dauern, bis sie vollendet wären. Sie standen nebeneinander, Holzkohle zog schwarze feste Striche, verschiedene Erdmischungen ergaben ein sattes Ocker, bestimmte Steine zermahlen ein helles Rot. Sie malten mit den Händen, mit den zerkauten Enden von Stöcken, mit den Federn von Vögeln, im flackernden Licht, malten in stiller ruhiger Konzentration wie Jäger in den Tagen vor der Jagd, in denen sie sich zurückzogen, denn es fiel ihnen schwer, ein Tier zu töten. Es kostete sie Überwindung, denn irgendwie gehörten sie zu ihnen, lebten sie mit ihnen. Erst wenn der Schamane die Einwilligung gab, zogen sie hinter der Herde her und töteten. Die Haut der toten Tiere wurde abgezogen, das Fleisch sauber von den Knochen geschnitten, die Knochen so gelegt, dass das Tier ohne Schaden wieder lebendig werden konnte. So malten sie auch die Bilder der Tiere, die sie gejagt hatten, unter ihren Händen wurden sie wieder lebendig, liefen in voller Schönheit und Kraft über die Felswände. Es entstand eine Katakombe der Tiere: Bisonherden, Wildpferde, Hirsche. Sie malten die Tiere, mit denen sie lebten, malten keine Menschen, weil sie noch nicht wussten, dass sie selbst die Menschen waren, malten in dieser andauernden Nacht, die keinen Tag kannte, nur das Licht der Bilder, wenn eine Fackel sie streifte. Es war eine neue Helligkeit in dieser Unterwelt, die ersten Mitteilungen von Lebewesen in der Zeitlosigkeit, in der man noch nicht die Schrift kannte, in der die Kraft der Bilder den Blick auf die Welt bestimmte.

Sie sahen die Welt nun durch die Bilder. In diesem Niemandsland, das keinen Namen hatte, gab es von nun an den stillen, bleibenden Augenblick der Bilder, und es war der Anfang ihrer Welt. Sie legten die Hand auf den Fels, bliesen Farbe darüber und hinterließen so die Umrisse ihrer Hand. Und das hieß: Ich war hier. Ich, der Maler. Ich, der ich bin.

Der Bibliotheksdiener

Auf dem Hauptgang kam ihm der Bibliotheksdiener entgegen, eine Gestalt in einem blau-
gelb gestreiften Kostüm, mit einer umgehäng-
ten Kuriertasche und einem Monokular, das
vor seiner Brust pendelte und mit dem er den
Bücherbestand entfernterer Regale inspizierte.
Er marschierte in Stulpenstiefeln, trug eine ge-
waltige Perücke, auf der ein Dreispitz thronte.
Er war eine Art Generalquartiermeister aller
Haupt- und Nebenkataloge, dazu der Lordsie-
gelbewahrer, der den Stempel besaß, der jedes
Buch als Bestandteil der Bibliothek adelte. Und
er war der Schirmherr aller verbotenen Bücher,
die unter seinem Schutz standen. An seinem
Gürtel hing ein schwerer Schlüsselbund, privi-
legierter Zugang zu den Geheimkabinetten mit
den weggeschlossenen Büchern. Die Uniform
war vor langer Zeit von irgendeinem Fürsten-
haus eines untergegangenen Kleinstaates für

seine Dienerschaft entworfen worden, und als die Bibliothek, weil kulturhistorisch wertvoll, übernommen wurde, war eine der Bedingungen, dass diese Uniformen weiterhin getragen wurden. Im Tode noch war der Herrscher seinen Büchern gefolgt – man hatte auch Grabstein und Urne übernommen. Der Herrscher lag nun in einer Ecke der Bibliothek, begraben unter zahlreichen Ehrentiteln.

Der Bibliotheksdiener wandte sich zur Treppe und sagte: Wenn Sie gestatten, bringe ich Sie auf Wunsch des Direktors zu unserem Mythenschreiber. Wir nennen ihn so. Er ist etwas schwer zu finden. Sehen Sie das Licht dort oben unter dem Dach neben dem Jakobsstab? Es brennt immer wie das Ewige Licht. Dort oben lebt er.

Er fragte: Schläft er da auch?

Mit Büchlein bedeckt, sagte der Bibliotheksdiener.

Er fragte, warum dort oben.

Der Bibliotheksdiener antwortete, da stehen unsere arabischen, aramäischen, hebräischen Schriften. Er war lange im Orient.

Sie stiegen über die zunächst noch breite, repräsentative, mit ihrem Marmorgeländer prunkende Treppe in ein Stockwerk hoch, von dem aus ein Gewirr von verschieden steilen Hintertreppen und Wendeltreppen, die durch spätere Anbauten entstanden waren, in die Höhe führte.

Das Fundament der Welt

Haben Sie auch Keilschriften und Hieroglyphen im Haus?, fragte er den Bibliotheksdiener.

Haben wir, haben wir, sagte dieser, sehr schöne Sachen, auf Tontafeln und Papyrus, auf Sumerisch, Akkadisch, Babylonisch, Assyrisch. Auch sehr schöne Palimpseste, gleich mehrsprachig. Das ist das Reich des Kurators der alten Schriften, unseres Herrn Dr. Dr. Dr. Hieronymus, Mönch in seiner Klause, Salomon des Hauses.

Der liest Ihnen mühelos jahrtausendealte Geschichten in Keilschrift und in Hieroglyphen vor, während unsereins sich mit den heutigen Analphabeten herumschlägt. Die alten Völker konnten nämlich lesen und schreiben, was ja inzwischen ungewöhnlich geworden ist. Dann führe ich Sie zunächst mal zu seinem Tempel, aber bedenken Sie, Sie machen einen Zeitsprung von über sechstausend Jahren.

Sie folgten einer Wendeltreppe, die um einen Turm herumführte und vor einer alten verwitterten Holztür endete. Über dem Türstock sah man ein Basrelief von einem Mischwesen: eine menschliche Figur mit einem Fischkopf und einem Fischschwanz.

Der Bibliotheksdiener klopfte, und nach einer Weile öffnete sich langsam die Tür. Ein alter weißhaariger Mann in einem schwarzen Kaftan stand vor ihnen. Ein Auge starrte ihn unbewegt wie ein Glasauge an, das andere lag unter einem schnell zuckenden Augenlid, so als nehme er die Welt nur in einzelnen Bildern wahr.

Hieronymus, sagte der Alte mit einer leichten Verbeugung.

Da er immer noch auf den Fischmenschen sah, wandte sich auch Hieronymus dem Bild zu: Eine Plastik aus Uruk, sagte er, seinerzeit die Metropole der Welt. Der erste der Sieben Weisen aus der Zeit vor der Sintflut. Die Babylonier nannten ihn Oannis. Man zählt ihn nicht zu den Göttern. Er war ein Mischwesen. Er kam aus dem Meer und brachte den Menschen die Zivilisation. Die Schrift, die Künste, die Wissenschaft und die Landwirtschaft.

Im Anfang war das Wort, sagte er.

Nein, sagte Hieronymus, im Anfang war das Bild. Es entwarf die Welt. Die Chinesen sagen zwar, Bild und Wort sind eins, aber aus der Malhand im Bild entstand erst später der Schreibstift. Die Worte gaben den Dingen zwar ihren Namen. Sie schufen das Denken und die Kategorien. Dem Bild blieb jedoch der Augenblick des Gesehenen.

Hieronymus ging zurück in den Turm, und er folgte ihm, während der Bibliotheksdiener in militärischer Haltung draußen blieb. Es war dunkel. Einige Lampen brannten spärlich. Er sah Rollen in den Regalen liegen, Papyrusse und Palimpseste.

Sie sind lichtempfindlich, sagte Hieronymus. Die Tontafeln nicht. Man schrieb mit dem Stift auf dem weichen Ton und legte ihn zum Trocknen in die Sonne. Es gab große Bibliotheken mit diesen Tontafeln. Das Wissen verband sich mit der Macht. Utanapischti, erzählte der Alte, in der Bibel Noah genannt, rettete, etwas anders als Noah, vor der Sintflut seine Tontafeln, indem er sie vergrub. Sie waren ihm das Wertvollste.

Er fragte, wie viele Tontafeln gibt es?

Millionen, sagte der Alte, wenn man weiter

gräbt. Zur Zeit rollen Panzer darüber. Wir wissen also nicht, was sie uns sagen wollen.

Sie gingen eine schmale Treppe hinunter in einen Keller. Im Keller sah er, dass an den Wänden und auch an der Decke Tontafeln hingen. Der Alte stellte sich in die Mitte, sah nach oben, das weiße Haar fiel ihm auf die Schulter, er hob die Arme. Er rief: Das Fundament der Welt, die Schrift, und er zitierte aus dem ältesten Epos der Welt: »Schau die Mauer an, so weit und so hoch, diese Mauer, die wie Kupfer glänzt, steig hinauf auf die Mauer von Uruk und geh barfuß, prüfe das Fundament, prüfe das Mauerwerk, als ob die Sieben Weisen diese Mauer bauten. Ein Sar misst die Stadt, ein Sar messen die Palmgärten, ein Sar misst das Land am Fluss, ein halbes Sar der Ischtar-Tempel. Das sind die Maße von Uruk, der Stadt.«

Der Alte ließ die Hände sinken und wandte sich zu ihm: Der Beginn der großen Welterzählung, in der wir heute noch leben. Fünfzigtausend Einwohner hatte Uruk. Prachtvolle Stadttore, breite Alleen, Tempel, so hoch wie unsere Kathedralen. Und aus der Stadt entstand der Staat. Man musste regieren, man musste organisieren, alles entstand durch die Schrift.

Die Buchhaltung erfand die Lebensform des Menschen bis heute, Recht wurde geschaffen, die Sterne erkundet, Geschichte geschrieben, und es entstanden die großen Mythen von den Göttern und den Menschen.

In der Freiheit

Sie wanderten nicht mehr sprachlos über die Erde. Sie erinnerten sich an Orte, an Verstorbene, hatten Wörter für die vielen Tiere, für die Landschaften, wussten von vergangener Zeit. Sie begriffen die Worte, die zu ihrer Sprache führten, fühlten Hunger und Schlaf, wenn sie Hunger und Schlaf sagten. Die Wärme wurde wirklicher, die Nässe ebenfalls.

Die Welt und die Worte wurden eins. Die Worte waren die Welt. Saßen sie um ihr Feuer, suchten sie die richtigen Worte, um das Erlebte mitzuteilen, denn die anderen wollten es wissen. Sie entdeckten, dass sie die Wörter zusammenfügen konnten, entdeckten, dass dadurch eine Erzählung entstand, die mehr besagte als die einzelnen Worte, und erschufen so, indem sie ihre Geschichte immer wieder und weiter erzählten, die Erinnerung. Sie entdeckten, dass das Erzählen eine Ordnung schuf. Sie lebten

gerne in dieser erzählten Welt, die man aus-
schmücken konnte – die Tiere waren größer,
die Jagd wilder, das Leben aufregender. Da sie
immer wieder von vorn begannen, wussten sie
oft nicht mehr, ob das die wirkliche Welt war,
die sie in ihrer Erzählung schilderten, oder ob
die Welt sich in eine Erzählung verwandelt hatte. Sie sahen die Welt nun anders, nicht mehr
mit dem gewohnten Blick des reinen Über-
lebens, sie sahen die Welt mit den Augen des
Geistes, sahen, dass sich Dinge änderten, dass
die Welt ein Ort der Sprache war.

Und sie stellten sich die ersten Fragen. Was
waren sie in dieser Welt? War diese Welt die
wirkliche Welt oder nur eine Täuschung ihrer Augen, in jeder Erzählung anders interpretiert. Gewissheit und Zweifel lösten einander
ab. Was ist zu glauben? Was ist nur Schein? Was
ist wahr?

Hieroi Logoi

Er war froh, wieder auf den Bibliotheksdiener zu treffen, der ihn diesmal ohne Umstände zum Mythenschreiber führen wollte. Sie zogen sich an schmiedeeisernen Geländern über steile Treppen hoch, eine Art Piranesi-Architektur, die bis unter das Dach der Bibliothek führte. Sie schoben sich seitlich durch eng stehende Regale mit alten dunklen Büchern. Es roch nach Holz, Papier und Leder. Man befand sich offenbar auf einer Bücherinsel mit vielen Erd- und Himmelsgloben, dem Jakobsstab, der von der Decke hing, chinesischen Lampions und arabischen Wasserpfeifen.

Ein Kopf hob sich von einem gewaltigen Folioband, der auf einem schrägen Pult lag, ein Gesicht, hinter einer großen Brille versteckt, sah sie schweigend an, dann wuchs eine ganze Gestalt aus dem Buch heraus, sie war in einen altmodischen Morgenmantel eingewickelt.

Der Mythenschreiber sah aus wie der Büchernarr in Sebastian Brants Narrenschiff. Ein türkischer Kaffee begleitete sein Erstaunen, dass sich ein anderer Mensch auf seine Bücherinsel verirrt hatte.

Ich trinke ihn gern süß, sagte der Mythenschreiber plötzlich und zeigte auf seinen Kaffee. Sie auch?

Gerne, sagte er und bekam schon eine Tasse überreicht.

Willkommen im Reich des großen Tintenfasses!, sagte der Gelehrte und versank wieder hinter seinem Wiegendruck. Hieroi Logoi, heilige Worte!, rief er immer wieder bei der Lektüre und sah ihn abwesend an. Erst bei seinem letzten Ausruf entdeckte er, dass er immer noch Besuch hatte. Interessant, sagte er dann und wies auf das Buch: Die Bilder in unseren Köpfen verwandeln sich in Worte. Das Schönste, was die Menschheit erfunden hat. Er machte eine Pause, sah ihn an und sagte: Sie schreiben auch!

Er nickte.

Der Mythenschreiber fragte lächelnd: Und Sie wollen natürlich wissen, warum ich Mythen schreibe?

Er nickte wiederum.

Nun gut, sagte der Mythenschreiber, fügen wir Ihrem Werk noch eine Erzählung hinzu. Dieses seltsame Lebewesen, das da über Jahrmillionen heranwuchs und das wir heute Mensch nennen, heranwuchs in einem namenlosen Niemandsland, inzwischen Erde genannt, zusammen mit anderen Lebewesen, von einigen Stämmen als Leute bezeichnet, weil sie doch Verwandte waren, von uns nur als Tiere angesehen – dieses Lebewesen fand seine Worte und begann, dieser fremden Welt und all den rätselhaften Dingen in ihr Namen zu geben. Diesen Klumpen Erde zu unserer Welt zu machen. Die Sprache gab den Menschen Macht. Macht braucht Buchhaltung, das Urgesetz, das allen anderen Gesetzen vorausgeht. Auch heute noch. Jede Regierung stützt sich auf die Buchhaltung. Das ist die Gegenwart. Aber der Mensch will mehr. Er lebte ohne Vergangenheit, wer war er, woher kam er. Unendlich fern und dunkel war das alles. Er begann zu erzählen. Es entstanden die großen Epen von den Helden und die wunderbaren Mythen von der Erschaffung der Welt und den Werken der Götter. Mythen, an die man glauben konnte, die nun die Wahrheit waren, die der Welt einen Sinn gaben. Bedenken Sie immer, wenn Sie schreiben, die Welt ist eine millionenfache Erzählung.

Inzwischen kann man ja diese Erdkugel auch von außen aus dem Weltraum betrachten. Alles ist vermessen, erkannt und bekannt, keiner wundert sich mehr, dass er auf dem Kopf herumläuft, dass unten auch oben ist und dass sich alles dreht, ohne dass ihm schwindelig wird. Nur scheint es allgemein an Bedeutung zu fehlen. Man schlägt sich die Köpfe ein. Die Tempel sind zerfallen, die Götter liegen zerschmettert am Boden, die Mythen sind vergessen, die Wahrheit unserer Vorfahren ist nicht mehr unsere Wahrheit, die Vernunft stolpert über die Fragen, die sich nachweisbar stellen. Man lebt mit anderen Bildern, trotzdem gibt es Wahrheiten, an die man glauben kann. Bei allen Weltuntergangsszenarien setze ich auf den Gesang des Menschen, mit dem er durch die Jahrtausende kam. Seit es uns gibt, erzählen wir.

Die Namen

Er saß in einem weißen Raum neben einem weißen Gitterbett, in dem eine Frau lag. Er zeigte ihr Bilder aus einem Buch und las ihr daraus vor.

Sie wiederholte die Sätze.

Das ist eine Blume.
Das ist eine Blume.
Das ist eine Wiese.
Das ist eine Wiese.
Das ist ein Baum.
Das ist ein Baum.
Das ist ein Fluss.
Das ist ein Fluss.
Das ist ein Wald.
Das ist ein Wald.
Das ist ein Berg.
Das ist ein Berg.
Das ist eine Wolke.

Das ist eine Wolke.
Das ist die Sonne.
Das ist die Sonne.

Im Holozän

Sie saßen in ihren Pelzen um das Feuer, das die Frauen entfacht hatten. Einige stocherten in der Glut, die Flammen loderten bis zur Decke der Höhle, flackerten über die Bilder auf den Felswänden. Das heilige Feuer, das nie ausgehen durfte, die heiße Glut, die immer mitgenommen wurde, auf allen Wanderungen das Wichtigste war. Eine Trommel wurde geschlagen, einige sprangen durch das Feuer, tanzten mit den Funken, ihre Schatten verbanden sich mit den Bildern der Höhle, wirbelnde Figuren, die aufleuchteten und wieder verschwanden.

Wenn sie um das Feuer saßen, das sowieso das größte Wunder war, und über all das Unfassbare redeten, das nur schwer zu berichten war, wurde die Welt für sie lebendig. Es gab die Erde mit ihren hohen Bergen, ihren endlosen Flüssen, dem grenzenlosen Wasser, das einige gesehen hatten. Es gab Tiere, die größer waren als sie. Es gab seltsame Wesen, ihnen ähnlich, die ihnen auf ihren Wanderungen folgten.

Es gab den Wind, der die Erde weit machte. Es gab diesen bunten Bogen, der plötzlich über ihnen stand, keiner wusste, was er bedeutete. Das Echo, das aus den Bergen kam und sie erschreckte. Die Schatten, die über sie hinwegzogen. Der Nebel, der die Erde verhüllte. Das helle Licht über ihren Köpfen und die vielen Lichter, die in der Nacht angezündet wurden. Es gab keine Erklärung für all diese Erscheinungen. Es gab nur die Fragen.

Da war der geheimnisvolle Fluss, in dem das weiße Nachtlicht auftauchte, das einer von ihnen herausholen wollte und dabei ertrank. In der Ferne die Berge, die nur Schein waren, das Werk eines Zauberers, wie der Vater eines Vaters erzählte, der in dieser Zauberwelt eines Tages verschwand. Familienerinnerungen, immer wieder erzählt. Auch die Geschichte des Windläufers, der mit dem Wind um die Wette lief und nie gewann. Er verlor immer. Doch bei jedem Wind, der aufkam, rannte er los. Er wusste, dass er nicht gewinnen konnte, dass er nie der Sieger wäre, aber er gab nie auf. Es kamen andere, die mitliefen, vielleicht würde einer von ihnen den Wind schlagen, sie versuchten es Tag für Tag.

Die weissagenden Alten, die unter ihren Umhängen wie kleine Hügel aussahen, warnten. Keiner könne den Wind besiegen, das sei ein mächtiger Geist. Sie liefen trotzdem weiter. Sie würden es nie aufgeben.

Und wo war die Welt zu Ende? Immer wieder fragte einer. Da, wo das hellblaue Tageslicht auf der Erde lag? Das war das Ende. Aber es gab welche, die sagten, man kann weitergehen. Es gibt kein Ende. Je weiter man geht, je weiter ist das Ende entfernt.

Die Welt ist unendlich. Die meisten glaubten es nicht, hielten das für Irrsinn. Aber immer wieder gingen welche los, verschwanden und kamen nie wieder. Sie wollten es wissen.

Viele Geschichten entstanden nach dem Tod eines der Ihren. Nach dem Tod eines Angehörigen hatte jeder etwas zu erzählen. Es entstanden Familien, und es entstand die Erinnerung. Sie sprachen und sprachen, und in ihren Worten entstand nicht nur die Welt, es entstand das Vergangene. Sie, die lange nur Tage und Nächte kannten, sprachen nun über die vergangenen Tage und Nächte und erkannten, dass das ihr Leben war. Und sie lebten nun in dem Bewusstsein, dass es etwas Endgültiges gab, den Tod, der sie von dieser Welt nahm, in der sie waren, ohne zu wissen, woher sie gekommen waren. Eine Frage, auf die sie nie eine Antwort fanden, die sie aber immer wieder stellten. Es war so ihre Art.

Passus Authoris
oder
Das Kapitel über den Menschen

Das wir nicht länger hinausschieben können.
Denn wir wollen ihn ab hier wie alle anderen
»Mensch« nennen. Es hat sich nun mal so ein-
gebürgert. Dieses Kapitel bedarf allerdings ei-
ner kleinen Vorgeschichte, in der sich die Frage
nach den Maßstäben stellt. Denn wer hat den
Menschen Mensch genannt? Vielleicht hilft die
Vorgeschichte weiter.

Der Zeichner und Kupferstecher Merian, der
ein großer Künstler war, erhielt von seiner Hei-
matstadt Basel den Auftrag, einen genauen Plan
der Stadt zu zeichnen. Vom Bürgerrat bekam er
einen Vorschuss, und Merian bestellte in einer
Papiermühle große Bogen Zeichenpapier.

Die Stadt war in den vergangenen Jahrhunderten in einer zufälligen Ordnung nach der
Landschaft entstanden. Die Häuser standen oft
quer zueinander, waren auch verschieden hoch,
die Plätze waren so beliebig breit wie lang, ein

Fluss zog durch die Stadt, betrieb Mühlen, kämpfte mit seiner Verengung an einer Brücke. Kurz gesagt, es war eine alte Stadt, die sich noch nicht der Einheit von Maß, Zahl und Gewicht unterworfen hatte, sondern noch in ihren lokalen Maßen lebte, was die Idee des Rates, einen genauen Plan dieser Stadt zu zeichnen, doch sehr erschwerte, ja, im Grunde verunmöglichte. Den Auftrag und damit auch den Vorschuss zurückzugeben, erschien dem Künstler zu unhöflich, freies Zeichnen war nicht angebracht, so entwarf er praktischerweise seinen eigenen Maßstab. Man sah ihn nun täglich mit großen von ihm genau gezählten Schritten durch die Stadt gehen, auf diese Weise vermaß er Straßen und Plätze und Häuser, nahm Augenmaß bei den wuchtigen Stadttoren und hohen Mauern, die sich um die Stadt zogen, legte auch beim Rathaus und den Zunfthäusern ein paar Schritte dazu, was sie größer und mächtiger machte, skizzierte dabei noch die Hausfassaden, was den besonderen Charakter der Stadt sehr schön wiedergab. Auf den Zeichenblättern brachte er alles in die Vogelperspektive, was dem Ganzen einen göttlichen Wurf gab. Zum Schluss setzte er noch seinen Maßstab auf das Blatt, Passus Authoris, was so viel bedeutete wie: nach den Schritten des Autors, oder auch, nach dem Maß desjenigen, der es gemacht hat. Bis zum heutigen Tag gilt dieser Plan als die beste Karte der Stadt. Und die Menschen fanden sich mit all ihren anderen Maßen, mit Fuß, Zoll, Elle, Spanne, Meile, Klafter, Morgen auf dieser Karte wunderbar zurecht.

Die Natur an sich war ein ungeordnetes Durcheinander, ein sich ständig veränderndes Chaos, es fehlte jeder Überblick. Die Erde war ein einziges Grab, in tiefer Ruhe lagen darin über Jahrmillionen die stillen Toten. Geboren, gelebt, gestorben, vertrauensvoll der Erde übergeben. Archäologen, Anthropologen, Paläontologen störten diese Ruhe und vermaßen ganze Kontinente auf der Suche nach einem aufrecht gehenden Lebewesen. Denn der Mensch wollte immer noch wissen, woher, wohin: Woher kommen wir, wohin gehen wir, wer sind wir? So wie einst Merian nach seinem Maßstab ein Stadtbild entwickelte, so untersuchte man mit neuen Methoden die Skelette von Tieren. Ältere Herren sah man in ihren Zelten in endlosen Wüsten Millionen Jahre alte Knochen zu Puzzles zusammenlegen, deren Rätsel mehr Phantasie erforderten, als es für die Wissenschaft gut ist. Manches Tier wurde so schnell zum Homo, also zum Menschen, während andere ihre Zweifel hatten und beim Tier blieben. Aber man suchte weiter nach dem Prinzip Hoffnung, das schon so oft über die Realität hinweggeholfen hatte. Und eines Tages fand man dann auch Lucy, ein Weibchen, ein Meter zehn groß, aufrecht gehend, mit langen schlenkernden Armen und kräftigen Beinen, vor mehr als drei Millionen Jahren unterwegs. Die Wissenschaftler tauften sie Lucy, um die Beatles zu ehren, die gerade einen schönen Song im Radio hatten. Man hatte unvermutet eine Urmutter. Viele sagten, das ist jetzt aber ein Mensch. Einige blieben immer noch beim Tier. Die Sache wurde schwierig. Von nun an wurde es auch hier unübersichtlich. Viele Menschentiere wurden gefunden. Der Homo africanus, der Homo heidelbergensis, der Homo erectus, der Homo rhodesiensis, der Homo pekinensis, der Homo neandertalensis. Der Mensch ist kreativ.

Doch die bürgerliche Gesellschaft, deren liebste Beschäftigung die Herstellung der gesellschaftlichen Ordnung war, war mit dem naturgemäßen Durcheinander nicht zufrieden. Das dachte auch der wohlbestallte Professor Linné aus Schweden, der in der Botanik einen Namen hatte, und er entwarf nach seinem persönlichen Maßstab ein bis heute geltendes System, das alle Tiere, Pflanzen und Mineralien ein für alle Mal ordnete. Passus Authoris. Die Vögel ordnete er nach ihrem Schnabel, die Fische nach ihren Bauchflossen, die Insekten nach ihren Flügeln. Auch die Würmer wurden von ihm sortiert. Er kam auf 11 500 Arten. Das war ein geschlossenes System. Wären da nicht die aufrecht gehenden Zweibeiner gewesen, Homo genannt, wohin damit? Eine eigene Gattung sah er als nicht sinnvoll an. Er platzierte sie bei den Tieren, sinnvollerweise bei den Affen, die Ähnlichkeit war allzu groß. Statt der üblichen genauen Beschreibung aller Pflanzen, Mineralien und Tiere setzte er bei diesem Tier nur lakonisch hinzu: Nasce te ipsum. Erkenne dich selbst. Das war ungewöhnlich, aber doch recht weise. Der Mensch wurde aufgefordert, selbst das Besondere des Menschen zu entdecken. Das hatte er über Millionen Jahre getan. Er entwickelte sich selbst und die Welt, in der er lebte.

Die Theologen der Kirche mit ihren Maßstäben hatten da einen anderen Glauben und verlangten eine Änderung. Professor Linné forderte die wissenschaftliche Welt auf, ihm einen Gegenbeweis zu seiner These zu liefern. Ein Gegenbeweis wurde nie erbracht. Die unterschiedlichen Meinungen blieben. Der Professor verfeinerte daraufhin sein System. Er erhob die Affen in den Adelsstand, nannte sie Primaten, was sie und uns über die restliche Tierwelt emporhob. Unsere Gattung nannte er gleich doppelt »sapiens sapiens«, was so viel bedeutete wie weise, einsichtig, vernünftig, verständig, klug. Der Mensch hatte schon immer eine hohe Meinung von sich. Und so schenkte uns Linné, wie in der Wissenschaft üblich, noch seinen Namen: Homo sapiens sapiens Linné. Wir hatten endlich einen Familiennamen, wir hatten eine ordentliche Abstammung, wir waren eingebürgert, und für die Gläubigen waren wir die Krone der Schöpfung.

Nun wurde es in der Biologie mit der Zeit üblich, von jeder Art, sei es Pflanze, Gestein, Mensch oder Tier, ein genau beschriebenes, seziertes, diagnostiziertes Muster in einem Museum oder Labor nachprüfbar zu deponieren.

Vom Menschen war derartiges leider nicht vorhanden, was die Wissenschaft auf die Idee brachte, das Skelett des inzwischen verstorbenen Linné als gültigen Typus des Homo sapiens zu bezeichnen. Wer sich überzeugen will, er liegt im Dom zu Uppsala und war nun Namensgeber, Erstbeschreiber und Urvater unserer Art. Ein Mensch war der Beweis, dass der Mensch ein Mensch ist. Die Linné'sche Ordnung war bestätigt: Passus Authoris.

Es gibt ein Porträt von Professor Linné: ein älterer Herr in brauner Weste und Gehrock mit goldfarbenen Knöpfen und Spitzenjabot. Unter seiner Perücke beobachtet er, spöttisch lächelnd, das Treiben der Menschen. Als hätte er gerade das »Lob der Torheit« von Erasmus von Rotterdam gelesen.

Der Denker

Die Gruppe blieb immer zusammen, so dass der Mensch nur einer von vielen war und nie außer Rufweite, überhaupt nur Mensch war in seinem Stamm, wie Tiere in ihrer Herde.

Einer sonderte sich ab.

Er saß abseits im Schatten einer Felswand, schwieg, grübelte über dies und das, studierte den Stand der Sterne, den Lauf der Sonne, das Wachstum auf Erden, konnte daher auch den Stammesältesten etwas über das Wetter sagen.

Er sah zu, wie die anderen auf die Jagd gingen oder Wildpferde einfingen, ihnen Fesseln anlegten, um sie zu beherrschen.

Er überzog die Erde mit seltsamen Zeichen, die das Unbenannte und noch Unbekannte deuten und erklären sollten. Das sagte er wenigstens den Stammesältesten, die wissen wollten, welche Bedeutung die Zeichen hätten. Da sie die Erklärungen nicht verstanden, musste er die Zeichen verwischen. Wer die althergebrachten Geschichten anders interpretiert, macht sich unbeliebt.

Er stieg auf die Gipfel umliegender Berge, notierte den Stand der Sonne, um eines Tages die Gewissheit zu haben, dass es zwei Wendepunkte gibt, die Licht und Welt verändern. Aber das wusste nur er, die Mehrheit wollte so etwas gar nicht erst wissen. Irgendwann duldeten die Vielen den Einzelnen nicht mehr. Eines Tages lag er leblos im Fluss.

Der Fluss entführte ihn in weichen, ruhigen Bewegungen, vorbei an vielen Ufern. Er befreite ihn, wenn ein Ast ihn festhielt, brachte ihn ins offene Meer, ein Fisch unter Fischen. Jahre später setzte man ihm ein Denkmal und erinnerte an sein Wissen. Nicht weit davon saß danach regelmäßig ein Einzelner, der in die Sonne sah, bis er blind war. Dass er die Menschen nicht mehr sah, war ihm recht. Sie störten sein Denken.

Menschenzeit

Er sah den Bibliothekar in dem kleinen Ob-
servatorium mit all den eng stehenden Tele-
skopen, deren matt schimmernde Messingrohre
in den Himmel ragten. Optische Wunderwerke vergangener Jahrhunderte, gebaut, um den
Menschen in die Zeit der Sterne zu versetzen.
Seltsam, dass ausgerechnet Büchersammler sich
Fernrohre zulegten. Fragt sich nur, womit man
weiter sieht. Der Bibliothekar sah durch eines
der Instrumente und sprach mehr für sich:

Das schleicht sich langsam so dahin,
von einem Tag zum anderen,
und führt uns rasch zur letzten Stunde,
zur langen Nacht des Schweigens.

Der Bibliothekar setzte sich zu ihm und sagte,
die Sterne sind noch da wie immer. Fragt sich
nur, was vom Menschen bleibt.

Das Erzählte, sagte er. Herodot nannte den Anfang die Menschenzeit. Die Zeit, in der der Mensch allen Dingen zwischen Himmel und Erde einen Namen gab.

Zeiten, von denen wir nur wissen, weil wir von ihnen erzählen. Es war einmal … Es ist alles nur eine lange Erzählung, wie ein breiter Fluss, der still dahinfließt. Und das Ende ist immer der Anfang einer neuen Erzählung, wie die Tage und Nächte, Sommer und Winter, die da kommen und die unser Leben sind.

Der Bibliothekar sagte: Es gibt in dieser Sache schon so viel Philosophie, dass man ausnahmsweise der alltäglichen Vernunft vertrauen sollte. Was sind wir. Ein verlorener Stern in einem endlosen Universum. All die Irrwege, die unerreichbaren Ziele, die vergessenen Worte, die dunklen Erinnerungen. Schon Diodor von Sizilien, griechischer Historiker, scheiterte. Er arbeitete an einer vierzigbändigen Bibliotheca historica, die alles Geschehen auf der Welt objektiv und nach der wahren Bedeutung wiedergeben sollte. Er bereiste dafür dreißig Jahre die bekannte Welt. In Band 10 musste er eingestehen, dass es nicht möglich sei, das Geschehene nach seiner Bedeutung objektiv zu beschreiben. Man müsse Geschichten erfinden, die alles subjektiv zusammenfassen, um überhaupt einen Überblick geben zu können. Dass uns so die Welt gehöre, das ist der Täuschungen größte.

Er sah den Bibliothekar lange an und sagte: Das meinte schon Pyrrhon von Elis, der zum Gefolge Alexanders des Großen gehörte und mit ihm nach Indien zog, also auch ein anderes Denken kannte. Er war überzeugt von der Unbegreiflichkeit aller Dinge, hielt richtig oder falsch, gerecht oder ungerecht für angenommene Gewohnheiten. Seine Urteile lauteten daher oft: Non liquet – die Sache muss weiter untersucht werden. Und er fügte gern noch hinzu: Tertium non datur, das Dritte ist noch nicht gesagt.

Der ägyptische Sonnenhymnus

Er sitzt im weißen Raum neben dem weißen
Gitterbett. Im Bett liegt ein Körper, bedeckt
mit einem weißen Tuch. Er liest laut aus einem
Buch.

Du hast den Himmel weit gesetzt,
zu sehen, was du geschaffen hast.
Allein aus dir entstand das Leben,
entstanden Äcker und Wege, Dörfer und Städte.
Du erschufst die Jahreszeiten,
für all deine Geschöpfe,
die Winter wie die Sommer.
Die Augen der Menschen sehen nur dich.
Wenn du aufgehst, leben sie,
wenn du untergehst, sterben sie.
Du bist die Lebenszeit, man lebt durch dich.
Von großer Zahl sind deine Werke,
du erschufst die Erde,
die Menschen und das Getier,
Menschen aus fremden Ländern,
deren Zungen sich unterscheiden im Sprechen,

auch ihre Hautfarbe ist verschieden,
da du die Völker unterscheidest.
Du ruhst auf jedem Gesicht,
unerforschlich ist dein Lauf.
Wenn du am Horizont untergehst,
liegt das Land in Dunkelheit,
in der ewigen Nacht des Todes.
Die Schlafenden verhüllen ihr Haupt,
die Dunkelheit ist ihr Grab.
Beim Anbruch des neuen Tages,
wenn du am Horizont erscheinst,
vertreibst du die Finsternis,
verschenkst du deine Strahlen.
Frisch erwacht und aufrecht
erheben sich die Menschen.
Das Land macht sich an die Arbeit.
Das Vieh labt sich am Gras.
Bäume und Sträucher werden grün.
Vögel fliegen aus dem Nest.
Fische schnellen aus dem Fluss.
Du lässt den Samen in den Frauen aufgehen,
du belebst den Sohn im Leib seiner Mutter,
du besänftigst ihn, dass seine Tränen versiegen.
Du spendest ihm Kraft, um ihn am Leben zu halten,
wenn er aus dem Leib kommt, um zu atmen
am Tag seiner Geburt.

Er legt das Buch zur Seite, schließt die Augen
und bleibt in der Stille.

Die Stadt

Er war da und zugleich nicht da, die Zeit verging und hörte zugleich auf zu vergehen. Es war Nacht. Er stand vor der kleinen Kapelle, die so leicht über dem Fluss schwebte, errichtet auf dem mittleren Pfeiler einer Brücke, die sich mit ihren festen Steinquadern seit Jahrhunderten über den Fluss wölbte. Das Wasser rauschte als schwere dunkle Masse unter der Kapelle durch, schäumte auf am Brückenpfeiler und verschwand in der Nacht.

Beschützt von einem versteinerten Fürstbischof über dem Eingang, bot die Kapelle einen Ausblick auf die Stadt und den mächtigen Strom, der mit ihrem Segen unter ihr seinen Weg suchte. Sie war die Mitte zweier Welten. Das öffnende Wissen und Denken des Südens traf hier auf den verschlossenen Glauben des Nordens. Sie diente dem Handel zwischen den Ländern, war gleichzeitig Grenzmarkierung für den Brückenzoll und für den Fluss, den sie teilte. Hier wurden Gesetze verkündet und vollzogen, vom Gericht zum Tode Verurteilte wurden hier in Säcke genäht und in den Fluss geworfen.

Durch ein kleines Fenster sah man die Umrisse einer sehr alten Stadt, die wie ein schwarzer Stein unter einem kalten ewigen Mondlicht lag, das sich im Fluss widerspiegelte, der verschwiegen durch die Stadt floss, weit älter als die Stadt, vorbei an den in ihren Geschichten schlafenden Häusern, erbaut auf den Fundamenten vergangener Städte, an den Straßen vergessener Völker, eine Stadt wie Uruk und Babylon, in der die Menschen nun lebten, hohe Häuser und breite Straßen, große Museen und Kathedralen erbauten, sie würde in den alten Geschichten vergehen, so wie die Städte der Wüste im Sand versanken. Ein Beben würde sie zerstören, der Fluss würde sie überschwemmen, und die Menschen würden eine neue Stadt errichten, würden die alten Geschichten wiederholen, denn die Geschichten blieben und erzählten von der Spur des Menschen. Es war einmal …

Gilgamesch, der alle Könige überragte,
Gilgamesch, zu zwei Dritteln Gott, zu einem
   Drittel Mensch,
der alles begriff in seiner Weisheit,
der die Pässe der Gebirge erschloss,
der die Brunnen grub, die das Wasser brachten,
der den Ozean überquerte bis zum Ende der Welt,
der die Küsten der Erde erforschte,
der dank seiner Kraft nach dem Leben suchte,
der die Städte nach der Sintflut wiedererrichtete,
der die Riten für die Menschen festlegte.

Es dämmerte. Die Sonne würde sicher wieder
aufgehen.

Inhalt